Primaskitchen

#einfachsüß

Zuckerfreie und simple Rezepte

Cath Kidston

Hallo, hier bin ich

... Vanessa, 33 Jahre jung, leidenschaftliche Hobbybäckerin. Ich sitze gerade vor den Tasten meines Laptops und suche nach den richtigen Worten für die erste Seite in meinem eigenen Buch. Hättest du mir vor 3 Jahren gesagt, dass ich ein eigenes Buch rausbringen werde, ich hätte herzhaft gelacht und dir einen Vogel gezeigt.

Das Backen hat mir schon immer sehr viel Spaß gemacht. Ich liebe es, mich in der Küche auszutoben, neue Kuchen & Co. zu kreieren und natürlich den Teig aus der Schüssel zu naschen! Backen ist mein Ausgleich zum stressigen Alltag und zaubert mir immer wieder ein Lächeln ins Gesicht.

Mit diesem Buch möchte ich dir zeigen, dass du dir, der ganzen Familie, Freunden und Kollegen ganz ohne viel Schnickschnack köstliche Kuchen, Muffins, Biskuitrollen uvm. zaubern kannst. Mir war super wichtig, dass der Geschmack nicht auf der Strecke bleibt. Ich will nicht zu viel versprechen, aber es wird **#primalicious**! Glaub mir, ich war mein größter Kritiker und liebe jedes einzelne Rezept, dass es ins Buch geschafft hat (auch wenn ich eine Zeit lang erstmal keinen süßen Kram mehr sehen konnte, nachdem ich alle Rezepte probiert, verbessert und verkostet hatte).

Die Rezepte sind alle **ohne raffinierten Zucker**, simpel in der Herstellung und mit Zutaten, die man meist zu Hause hat oder aber in jedem Supermarkt bekommt. Es gibt nichts Schlimmeres, als wenn man ein Rezept sieht, sich denkt: „Niceeee, das will ich sofort probieren", und beim Blick in die Zutatenliste feststellt: „Mist, da muss ich mit dem Einkaufswagen erstmal etliche Onlineshops plündern".

Ich danke dir von Herzen, dass du dieses Buch gerade in den Händen hältst, und wünsche dir viel Spaß damit!

Vanessa ♡

Inhaltsverzeichnis

Primas Backschule

Tipps & Tricks für dein Backglück

1. Lies dir das Rezept vor dem Backen einmal komplett in Ruhe durch. Dies hilft dir bei der Planung und erspart dir evtl. böse Überraschungen.

2. Eine Prise Salz – ja richtig gelesen SALZ! Damit tust du deinem Kuchenteig immer etwas Gutes. Und dir selbst auch, denn Salz intensiviert die Süße in deinem Gebäck und lässt Aromen besser zu Geltung kommen.

3. Das Ändern von Zutaten ist immer eine Sache für sich. Natürlich kannst du anstatt Erdbeeren Himbeeren nehmen. Anstatt Haselnüsse, Mandeln oder Walnüsse – das ist alles kein Problem! Aber z.B. mehr oder weniger Mehl, Eier oder Flüssigkeiten können in einem wahren Backdesaster enden.

4. Durch Ungeduld kannst du ein tragisches Teigwunder erleben. Wenn im Rezept z.B. „Eier und Erythrit schaumig schlagen", „Backform einfetten", „Backpapier nutzen" oder z.B. „Butter zimmerwarm" steht, dann hat das meist einen Grund. Hältst du dich nicht daran, endet es womöglich in einem Backdesaster.

5. Wird die Backform geändert, aber die Teigmenge nicht angepasst, kann das ordentlich in die Hose gehen. Ich habe schon das ein oder andere Mal bei Experimenten den Ofen danach geschrubbt oder ein Stück Kohle raus geholt. Achte daher darauf, dass die Form immer zu maximal 3/4 gefüllt ist.

6. Mehl ist nicht gleich Mehl. Es gibt mittlerweile etliche Sorten, aber du kannst nicht jedes Mehl ohne Weiteres austauschen. Weizenmehl kannst du z.B. 1:1 durch Dinkelmehl ersetzen (z.B. Typ 630, 812).

   Zum Beispiel bei Mandel-, Kokos- oder Vollkornmehl sieht das aber anders aus. Diese Mehle verändern zum einen den Geschmack, zum anderen brauchen sie ein ganz anderes Mischverhältnis und oftmals auch mehr Flüssigkeit.

7. „Keep it simple" ist eines meiner liebsten Mottos. Meine Rezepte benötigen nicht viele oder außergewöhnliche Küchengeräte. Was du allerdings in deiner Küche haben solltest:
   - Waage
   - Schneebesen
   - Handrührgerät/Mixer
   - Backformen (Spring-,Kasten- und eine Brownieform)
   - verschiedene Schüsseln
   - Teigschaber
   - Messbecher

8. Auch bei den Backzutaten gilt „Keep it simple". Natürlich ist auch mal ein Rezept etwas aufwendiger, aber es gibt ein paar Basics, die ich immer zuhause habe und mit denen du einige Rezepte aus diesem Buch einfach backen kannst:

   - Dinkelmehl
   - Quark
   - Eier
   - Pflanzenöl
   - Milch
   - Buttermilch
   - Süßungsmittel
   - Butter light

9. Finger weg von der Ofentür! Ja, wir sind neugierig und können es kaum erwarten, aber lasse die Ofentür während des Backens zu. Dein Kuchen bekommt den Schock seines Lebens und mit viel Pech, fällt er sogar noch zusammen. Also bitte erst kurz vor Ende der Backzeit für die Stäbchenprobe öffnen.

10. Hoppla, da war der Kuchen noch flüssig! Bitte, bitte immer die Stäbchenprobe machen! Jeder Ofen ist unterschiedlich und manchmal kann es sein, dass du deinen Kuchen einfach noch ein paar Minuten länger backen musst als angegeben. Kurz vor Ende der Backzeit mit einem Holzstäbchen in die Mitte vom Kuchen stechen. Ist noch flüssiger Teig am Stäbchen, verlängere die Backzeit etwas und steche immer mal wieder neu ein, bis das Stäbchen sauber rauskommt.

Süße Verführung

Alternativen zum raffinierten Zucker

Honig: natürlicher Zuckerersatz und gerade in der Weihnachtszeit sehr beliebt.

Kokosblütenzucker: asiatische Herkunft und leicht karamellig im Geschmack. Da er ein ähnliches Volumen wie Zucker hat, kannst du ihn 1:1 ersetzen. Lediglich die Süßkraft ist geringer. Je nach Geschmack also bitte etwas mehr nehmen.

Stevia: kalorien- und kohlenhydratfrei. Gibt es in flüssiger Form und in Pulverform. 300 – 400 Mal stärkere Süße als Zucker, kann aber schnell bitter schmecken – je nach Hersteller werden noch andere Stoffe zugemischt.

Xylit: bekannt unter dem Namen Xucker. Xylit süßt so stark wie Haushaltszucker, hat aber 40 % weniger Kalorien und beeinflusst den Blutzuckerspiegel kaum. Es schont wie Erythrit, die Zähne, ist aber giftig für Hunde.

Erythrit: bekannt unter dem Namen Xucker light. Hat keine Kalorien und eine Süßkraft von 70 %. Schont die Zähne und beeinflusst den Blutzucker kaum. Ungefährlich für Hunde.

Natürlich gibt es noch viele andere Alternativen. Alle aufzulisten, würde aber den Rahmen sprengen, und ich habe mir die Gängigsten rausgesucht.

Welcher Zuckerersatz der Richtige für dich ist und dir am besten schmeckt, musst du natürlich selbst entscheiden. Am besten probierst du einfach ein paar aus und schaust, womit du glücklich bist.

Mein persönlicher Favorit ist Erythrit.
Damit backe ich zu 99 % und komme super damit klar. Ich brauche es auch nicht pappsüß – da sind die Geschmäcker einfach unterschiedlich. Die Rezepte in diesem Buch also bitte immer nach eigenem Gusto abschmecken.

Buchstaben Dschungel

Abkürzungen und Nährwertangaben

Rezeptangaben:

EL = Esslöffel
TL = Teelöffel
g = Gramm
ml = Milliliter
Eier = damit sind Eier der Größe M gemeint

(Optional) = Lebensmittel mit diesem Zusatz kannst du (musst du aber nicht) verwenden. Auch ohne diese Zutat wird das Rezept funktionieren und schmecken. Dieses Lebensmittel ist nicht in den Nährwertangaben mit einberechnet.

Nährwertangaben:

kcal = Kilokalorien
P = Protein (Eiweiß)
KH = Kohlenhydrate
F = Fett

Frühaufsteher

#früchtespaß

Smoothiebowl

Zutaten

Basis
1 gefrorene Banane (ca. 120 g)
150 g gefrorene Früchte
(z.B. Beeren, Mango, Ananas...)
50 g Joghurt 1,5 %
1 Schluck Milch oder Wasser

Topping (optional)
Beeren
Kokosraspel
Chiasamen

Die gefrorene Banane und die Früchte für einige Minuten antauen lassen. Zusammen mit dem Joghurt und der Flüssigkeit in einen Mixer geben und pürieren, bis eine cremig-feste Masse entsteht.

In eine Schüssel füllen und nach Lust und Laune toppen oder direkt so verzehren.

Tipp:
Schneide die Banane vor dem Einfrieren immer in Stücke oder Scheiben. Dadurch lässt sie sich einfacher pürieren. Bereite dir kleine Gefrierbeutel mit gestückelter Banane und Früchten deiner Wahl vor. So hast du immer eine Smoothiebowl im Gefrierfach.

Nährwerte: 225 kcal | 47,3 g KH | 3,6 g P | 1,1 g F

#auchrollig

Frenchtoast-Rollen

Zutaten

7 große Scheiben Toast
1 Ei
120 ml Milch 1,5 %
50 g Schokoaufstrich

Das Ei mit der Milch gut verquirlen und in einen tiefen Teller geben.

Den Schokoaufstrich erwärmen, bis er leicht flüssig ist.

Die Toastscheiben mit einem Nudelholz leicht glatt rollen und die Ränder abschneiden. Etwas Schokoaufstrich darauf verteilen, und eng wieder einrollen.

Die Toastrollen in der Ei-Milch-Mischung wälzen, bis sie sich etwas vollgesogen haben. Anschließend in einer Pfanne bei mittlerer Hitze von allen Seiten goldbraun ausbacken.

Wer mag, kann die Röllchen noch in einer Mischung aus Zimt/Erythrit wälzen oder sofort genießen.

Nährwerte pro Stück (bei 7 Stücken): 147 kcal | 19,3 g KH | 6 g P | 4,8 g F

#heißeseisen

Waffeln

Zutaten

80 g Dinkelmehl
20 g Schmelzflocken
1 Ei
70 g Joghurt 1,5 %
100 ml Milch 1,5 %
1 TL Backpulver
25 g Erythrit

Alle Zutaten gut miteinander vermengen und zu einem glatten Teig rühren.

Den Teig portionsweise im Waffeleisen ausbacken.

Wer es mag, kann es mit etwas Puderxucker bestreuen und genießen.

Tipp:
Da jedes Waffeleisen unterschiedlich groß ist, ist es schwer, eine Mengenangabe zu machen!
Aber 5 große oder 8 kleine Waffeln bekommst du auf jeden Fall heraus.
Die Schmelzflocken findest du im Supermarkt in der Kinderabteilung.

Nährwerte für den gesamten Teig: 505 kcal | 100,7 g KH | 23,2 g P | 9,7 g F

#affenzirkus

Bananenbrot

Zutaten
(Kastenform, 15 cm)

1 Banane
1 Ei
80 g Joghurt 1,5 %
50 g Dinkelmehl
40 g zarte Haferflocken
1/2 Päckchen Backpulver
1 Prise Salz
1 EL Nussmus (optional)

Ofen auf 170 °C Umluft vorheizen.

Die Banane mit einer Gabel zerdrücken. Alle weiteren Zutaten dazugeben und gut vermengen. Die Backform einfetten oder mit Backpapier auslegen und den Teig einfüllen.

Auf mittlerer Schiene ca. 45 Minuten backen.

Tipp:
Hat dein Bananenbrot vor Ablauf der Zeit die gewünschte Bräune erreicht? Decke es mit Alufolie ab und verhindere so, dass es zu dunkel wird oder gar verbrennt.
Möchtest du mehr Bananenbrot backen oder hast du mehrere reife Bananen, nimm das doppelte Rezept für eine 22 oder 24 cm große Kastenform.

Alternativen:
Du kannst das Bananenbrot auch noch verfeinern. Rühre z.B. ein paar Schokodrops, gehackte Nüsse oder Blaubeeren unter den Teig. Zusätzlich kannst du auch eine Banane längs aufschneiden, oben auf den Teig legen und mitbacken – schmeckt auch sehr lecker.

Nährwerte für das ganze Bananenbrot (ohne Nussmus): 575 kcal | 92,3 g KH | 21,4 g P | 9,9 g F

#bällebad

Topfenknödel

Zutaten

Teig
80 g Schmelzflocken
1 Ei
150 g Magerquark
20 g Erythrit

Füllung
Beeren
Schokolade

Topping
gemahlene Nüsse
Kokosraspel
Zimt/Xucker
Früchte

Alle Zutaten mit einem Löffel zu einem Teig verrühren und diesen 20 Minuten im Kühlschrank ruhen lassen.

Anschließend mit leicht angefeuchteten Händen 8 Knödel formen und mit einer Füllung deiner Wahl füllen.

Einen Topf mit Wasser zum Kochen bringen, Hitze etwas runter drehen und die Knödel reingeben. Das Wasser sollte nicht mehr sprudelnd kochen. Wenn die Knödel oben schwimmen, noch ein paar Minuten ziehen lassen.

Knödel aus dem Wasser holen und in einem Topping deiner Wahl wälzen.

Tipp:
Bei diesem Rezept kannst du wirklich super variieren. Die Knödel leben von der Füllung und dem Topping.
Die Schmelzflocken findest du im Supermarkt in der Kinderabteilung.

Nährwerte (nur die nackten Knödel): 230 kcal | 37,9 g KH | 17,3 g P | 4,4 g F

#faulpelz
Ofenpfannkuchen

Zutaten
(Auflaufform, 14 x 21 cm)

Teig
230 g Mehl
50 g Erythrit
2 Eier
150 ml Milch 1,5 %
10 g Pflanzenöl
1 TL Backpulver
1 Prise Salz

Topping
Marmelade
Erdnussbutter
Schokoaufstrich
Früchte

Backofen auf 180 °C Ober-/Unterhitze vorheizen.

Zuerst die Eier kurz aufschlagen. Dann mit den restlichen Zutaten zu einem glatten Teig vermengen.

Eine kleine Form (ich habe eine Auflaufform genommen) etwas einfetten und den Teig gleichmäßig darin verteilen. Mit einem Löffel ein paar Kleckse des Wunschtopping auf dem Teig verteilen und mit einer Gabel leicht marmorieren, sodass sich beide Komponenten etwas miteinander vermischen.

Den Ofenpfannkuchen ca. 30 Minuten backen und warm genießen.

Tipp:
Dein Topping sollte cremig/flüssig sein. Erdnussbutter, Schokoaufstrich etc. kurz in der Mikrowelle erwärmen, damit du es besser verteilen kannst.
Den Ofenpfannkuchen solltest du direkt genießen. Zum Vorbereiten für den nächsten Tag ist er nicht geeignet, da er kalt trocken werden kann.

Nährwerte pro Stück (bei 6 Stück ohne Topping): 186 kcal | 36,2 g KH | 7,2 g P | 4,3 g F

#hochstapler

Pancakes

Zutaten

50 g Reismehl
70 g Dinkelmehl
1 Ei
100 ml Milch 1,5 %
1 TL Backpulver
25 g Erythrit

Alle Zutaten in eine Schüssel geben und zu einem glatten Teig verrühren.

Portionsweise in einer Pfanne ausbacken.

Tipp:
Wenn du pro Pancake 1,5 EL Teig nimmst, bekommst du ca. 8 Pancakes raus. Reismehl erhältst du im Asia Laden oder online. Ich kann dir nur ans Herz legen, dir welches zu besorgen – es lohnt sich ungemein.

Alternativen:
Du kannst das Reismehl auch durch Dinkelmehl ersetzen. Dann wird der Teig aber nicht so fluffig! Solltest du es dennoch ersetzen, schlage das Ei vorher richtig schaumig und vermische dann erst die restlichen Zutaten damit.

Nährwerte pro Stück (bei ca. 8 Pancakes): 557 kcal | 119 g KH | 22 g P | 8,3 g F

#teezeit

Scones

Zutaten

Teig
250 g Dinkelmehl
40 g Erythrit
50 g Butter light (kalt)
160 ml Buttermilch
1/2 Päckchen Backpulver
1 Prise Salz
Milch zum Bestreichen

Ofen auf 180 °C Umluft vorheizen.

Mehl, Backpulver, Salz und Erythrit vermischen. Die Butter in kleine Stücke schneiden und dazugeben. Alles zügig mit den Händen verkneten (es ist sehr bröselig – wie bei Streuseln; aber das ist normal). Die Buttermilch dazu gießen und alles mit einem Löffel verrühren. Mit den Händen noch einmal durchkneten und mit etwas Mehl auf einem Backpapier zu einem Kreis ausrollen (ca. 2 – 3 cm hoch).

Nun wie eine Torte in 8 Stücke schneiden, diese etwas auseinanderziehen und das Backpapier auf ein Backblech legen.

Die Scones mit etwas Milch bestreichen und 15 – 20 Minuten backen. Nach 15 Minuten eine Stäbchenprobe machen. Wenn kein Teig mehr am Stäbchen klebt, die Scones rausholen. Ansonsten noch ein wenig im Ofen lassen.

Tipp:
Die Butter muss kalt sein. Nimm sie erst zum Backen aus dem Kühlschrank.
Wenn du Scones übrig hast, kannst du sie am nächsten Tag aufschneiden und toasten oder kurz in die Mikrowelle geben, damit sie wieder wie frisch gebacken schmecken.

Alternativen:
Die Scones lassen sich super variieren. Mische etwas Schokolade, Blaubeeren oder Nüsse unter den Teig. Auch eine herzhafte Variante mit Speck schmeckt sehr gut! Dafür lässt du einfach die Süße weg und gibst etwas mehr Salz oder Kräuter dazu.

Nährwerte pro Stück (bei 8 Stücken): 141 kcal | 27,8 g KH | 4,2 g P | 2,9 g F

#hallomeinkaiser

Kaiserschmarren

Zutaten

2 Eier
125 ml Milch 1,5 %
85 g Dinkelmehl
20 g Erythrit
1/2 TL Backpulver
1 Prise Salz

Zuerst Eier, Milch, Erythrit und Salz verquirlen. Dann Mehl und Backpulver unterrühren, bis ein glatter Teig entsteht.

Eine Pfanne erhitzen und mit etwas Öl einpinseln. Teig einfüllen und bei mittlerer Hitze ausbacken, bis der Teig fast komplett gestockt ist. Vorsichtig wenden und von der anderen Seite ebenfalls braun ausbacken.

Mit dem Pfannenwender in kleine Stücke teilen und warm genießen.

Alternative:
Wenn du magst, kannst du auch ein paar Rosinen oder Rumrosinen mit in den Teig geben. Ob mit Apfelmus, Fruchtaufstrich, Schokocreme oder Puderxucker – was du dazu reichst, ist komplett dir und deinem Gusto überlassen.

Nährwerte: 507 kcal | 86,2 g KH | 26,5 g P | 13,3 g F

#moinsen

Franzbrötchen

Zutaten

Teig
120 g Dinkelmehl
100 g Magerquark
20 g Pflanzenöl
1 TL Backpulver
1 Prise Salz
25 g Erythrit

Füllung
50 g gemahlener Mohn
70 ml Milch 1,5 %
10 g Erythrit

Backofen auf 160 °C Umluft vorheizen.

Für die Füllung alle Zutaten in einen kleinen Topf geben, gut verrühren und bei mittlerer Hitze aufkochen. Unter Rühren etwas köcheln lassen, vom Herd nehmen und abkühlen lassen.

Für den Teig alle Zutaten gut miteinander verkneten. Den Teig auf einer leicht bemehlten Fläche rechteckig ausrollen und mit der Mohnfüllung gleichmäßig bestreichen.

Von der kurzen Seite her aufrollen und in 6 gleich große Stücke schneiden. Mit einem Kochlöffel die Teigstücke mittig eindrücken, damit die typische Franzbrötchenform entsteht.

Die Franzbrötchen auf ein mit Backpapier belegtes Blech legen und ca. 15 – 20 Minuten backen.

Alternativen:
Die Füllung ist super variabel. Ob mit Apfelmus, Zimt-Erythrit-Gemisch, Schokoaufstrich, Marmelade oder was dir sonst noch in den Sinn kommt – es schmeckt immer!

Nährwerte pro Stück (bei 6 Stücken): 160 kcal | 21,2 g KH | 6,2 g P | 7,4 g F

#hulahoops

Süße Quarkkränze

Zutaten

200 g Magerquark
40 g Öl (z.B. Rapsöl)
40 g Milch 1,5 %
50 g Erythrit
etwas Vanillearoma
60 g Marzipan (optional)
300 g Dinkelmehl
1 Päckchen Backpulver
1 Prise Salz
Milch zum Bepinseln
Mandeln/Hagelzucker/Streusel zum Verzieren

Ofen auf 160 °C Umluft vorheizen.

Das Marzipan klein raspeln. Quark, Milch, Öl und Süße gut verrühren. Mehl, Marzipan und Backpulver dazu geben und alles zu einem Teig verkneten (geht mit den Händen am besten).

Den Teig in 6 gleich große Stücke teilen. Jedes Stück noch mal halbieren. Für einen Kranz nun 2 Stücke zu einer dünnen Rolle formen, diese zu einer Kordel drehen und zu einem Kranz zusammenlegen.

Auf ein Backblech (mit Backpapier) legen und mit Milch bestreichen. Je nach Belieben kann man noch ein paar gehobelte Mandeln, Hagelzucker oder bunte Streusel drauf geben.

Ca. 15 Minuten backen und am besten lauwarm genießen! Schmecken natürlich auch abgekühlt.

Tipp :
Wenn du das Marzipan raspeln möchtest, leg es 30 Minuten vorher in den Gefrierschrank.
So lässt es sich besser reiben.

Nährwerte pro Stück (bei 6 Stücken ohne Marzipan): 264 kcal | 45,5 g KH | 9,8 g P | 7,5 g F

#faltigebeere

Rosinenbrötchen

Zutaten

Teig
200 g Magerquark
250 g Dinkelmehl
40 g Erythrit
1 Ei
25 g Öl (z.B. Pflanzenöl)
40 g Milch 1,5 %
1 Päckchen Backpulver
100 g Rosinen

Ofen auf 170 °C Umluft vorheizen.

Zuerst die nassen Zutaten miteinander vermengen. Dann Mehl und Backpulver dazugeben und gut verkneten. Zum Schluss die Rosinen unter den Teig kneten.

Mit leicht angefeuchteten Händen 9 Brötchen formen und mit etwas Abstand zueinander auf ein Backblech (mit Backpapier) legen.

Die Brötchen ca. 20 Minuten backen.

Tipp:
Haben die Brötchen vor Ablauf der Zeit die gewünschte Bräune erreicht? Decke sie mit Alufolie ab und verhindere so, dass sie zu dunkel werden oder gar verbrennen.

Alternativen:
Du stehst nicht so auf Rosinen? Nimm stattdessen Schokodrops und mach dir frische Schokobrötchen.

Nährwerte pro Stück (bei 9 Stücken): 186 kcal | 28,6 g KH | 7 g P | 4 g F

Sonntagssause

Donauwelle
Seite 38

Cake-Pops
Seite 40

Karottenkuchen
Seite 42

Rührkuchen
Seite 44

Schoko-Beeren-Kuchen
Seite 46

Fruchtschnitten
Seite 48

Philadelphia-Torte
Seite 50

Erdbeerschnitten
Seite 52

Buttermilchkuchen
Seite 54

Erdbeer-Tiramisu
Seite 56

Streuselkuchen
Seite 58

Maulwurfschnitten
Seite 60

Blaubeermuffins
Seite 62

Apfelkuchen
Seite 64

Zimtschnecken
Seite 66

Puddingteilchen
Seite 68

Birnen-Marzipan-Kuchen
Seite 70

Lebkuchen
Seite 72

#wellenreiter

Donauwelle

Zutaten
(Backform, 23 x 22 cm)

Teig
200 g Dinkelmehl
50 g Erythrit
40 g Pflanzenöl
1 Ei
10 g Backkakao
150 ml Sprudelwasser
1 Päckchen Backpulver
1 Prise Salz
1 Glas Kirschen

Creme
1/2 Päckchen Vanillepudding
250 ml Milch 1,5 %
20 g Erythrit
200 g Magerquark

Topping
70 g zuckerfreie Schokolade
10 g Kokosöl

Backofen auf 170 °C Umluft vorheizen.

Backkakao abwiegen und beiseitestellen. Kirschen abtropfen lassen und ebenfalls beiseitestellen. Alle anderen Zutaten für den Teig glatt rühren.

Die Backform mit Backpapier auslegen oder gut einfetten. 2/3 des Teiges in die Form füllen und glatt streichen. Zum restlichen Teig den Kakao geben, gut verrühren und auf dem hellen Teig verteilen. Die Kirschen gleichmäßig darauf verteilen und den Kuchen ca. 25 Minuten backen.

Stäbchenprobe nicht vergessen und anschließend abkühlen lassen!

Für die Creme den Pudding nach Anleitung kochen, kurz abkühlen lassen und den Magerquark untermengen. Die Masse auf dem Kuchen verteilen und glatt streichen. Das Ganze in den Kühlschrank stellen und abkühlen lassen, bis der Pudding fest ist.

Die Schokolade mit dem Kokosöl schmelzen und auf dem kalten Kuchen verteilen. Mit einer Gabel die klassischen Wellen ziehen und nochmals ca. 20 – 30 Minuten kühl stellen.

Nährwerte pro Stück (bei 8 Stücken): 279 kcal | 40,7 g KH | 8,9 g P | 12,2 g F

Collection

#falscherlutscher

Cake-Pops

Zutaten

160 g Kuchen
(Rührkuchen Grundrezept Seite 44)
200 g Frischkäse light
2 TL Kakao
150 g zuckerfreie Schokolade
Cake-Pop Stiele

Topping (optional)
Streusel, Nüsse etc. zum Verzieren

Den Kuchen fein zerkrümeln, Kakao dazugeben und nach und nach den Frischkäse unter die Krümel kneten (am besten mit den Händen), bis eine etwas klebrige Masse entsteht. Teig darf auf jeden Fall nicht zu trocken oder bröselig sein!

Kleine Kugeln à 20 – 22 g formen und ca. 30 Minuten kühl stellen. Schokolade über dem Wasserbad schmelzen. Die Stiele ca. 1 cm darin eintauchen, in die Teigkugel stecken und kurz abkühlen lassen.

Nun die ganze Kugel in die Schokolade tunken, etwas abklopfen, damit die überschüssige Schokolade nicht den ganzen Stiel herunter läuft, minimal antrocknen lassen und nach Wunsch verzieren.

Die Cake-Pops im Kühlschrank aufbewahren.

Nährwerte pro Stück (bei 17 Stücken): 90 kcal | 8,6 g KH | 2,8 g P | 5,8 g F

#hasenfutter

Karottenkuchen

Zutaten
(Brownie-Backform, 20 x 20 cm Form)

Teig
150 g Dinkelmehl
150 g geraspelte Möhre
200 g Joghurt 1,5 %
2 Eier
1 TL Backpulver
1,5 TL Zimt
50 g Walnüsse gehackt
70 g Erythrit

Streusel
40 g Butter light (weich)
80 g Mehl
30 g Erythrit
1/2 TL Zimt

Ofen auf 170 °C Umluft vorheizen.

Eier mit dem Erythrit schaumig schlagen und den Joghurt hinzufügen. Ich schlage die Masse 2 – 3 Minuten mit dem Mixer.

Danach Mehl, Backpulver und Zimt unter die Masse rühren, bis ein glatter Teig entsteht. Möhren und Walnüsse unter den Teig heben und noch einmal gut durchrühren. Den Teig in die gefettete oder mit Backpapier ausgelegte Brownie-Backform füllen.

Für die Streusel einfach alle Zutaten miteinander verkneten und oben auf den Teig zupfen.

Für ca. 30 Minuten backen. Stäbchenprobe nicht vergessen!

Alternative:
Du kannst den Kuchen auch ohne Streusel backen und ihn mit einem Frischkäse-Frosting bestreichen.

Nährwerte pro Stück (bei 12 kleinen Stücken): 132 kcal | 23,7 g KH | 4,4 g P | 5,3 g F

#schnellenummer

Rührkuchen

Zutaten
(Springform, ø 24 cm)

Grundteig
250 g Dinkelmehl
60 g Erythrit
2 Eier
1 Päckchen Backpulver
1 Prise Salz
80 g Pflanzenöl
100 ml Sprudelwasser

Schoko-Variante zusätzlich
+ 3 EL Backkakao
+ 20 g Erythrit

Zitronen-Variante zusätzlich
+ Saft einer Zitrone
+ 2 TL Zitronenabrieb

Nuss-Variante zusätzlich
+ 150 g gemahlene Nüsse
+ 1 Schluck Milch/Wasser

Backofen auf 160 °C Umluft vorheizen.

Alle Zutaten zu einem glatten und geschmeidigen Teig verrühren. Die Form etwas einfetten, den Teig hineingeben und glatt streichen.

Ca. 45 Minuten backen. Stäbchenprobe nicht vergessen!

Mit Glasur deiner Wahl oder Puderxucker servieren.

Nährwerte Schoko pro Stück (bei 14 Stücken): Schoko: 133 kcal | 18,8 g KH | 3,3 g P | 7,1 g F
Zitrone: 127 kcal | 17,4 g KH | 2,9 g P | 6,7 g F
Nuss: 198 kcal | 17,8 g KH | 4,7 g P | 13,6 g F

#kuchenohnenamen

Schoko-Beeren-Kuchen

Zutaten
(Brownie-Backform, 20 x 20 cm)

Teig
150 g Dinkelmehl
50 g Erythrit
20 g Backkakao
1/2 Päckchen Backpulver
1 Prise Salz
40 ml Pflanzenöl
200 ml Sprudelwasser

Creme
150 g Magerquark
50 ml Sahne 19 % (zum Aufschlagen)
2 EL Erythrit
1 Spritzer Zitronensaft

Beerentopping
150 g Erdbeeren

Ofen auf 180 °C Umluft vorheizen.

Zuerst die trockenen Zutaten in einer Schüssel mischen. Dann die nassen Zutaten dazu geben und alles zu einem glatten Teig verrühren. Den Teig in die gefettete Brownie-Backform füllen und ca. 20 Minuten backen – auskühlen lassen.

Für die Creme die Sahne steif schlagen. Quark mit Erythrit und Zitrone verrühren, die Sahne vorsichtig unterheben und auf dem Kuchenboden verteilen.

Erdbeeren waschen, klein schneiden und auf der Cremeschicht verteilen.

Den Kuchen bis zum Servieren im Kühlschrank aufbewahren.

Tipp:
Achte darauf, dass du Sprudelwasser nutzt und kein stilles Wasser – sonst wird der Teig nicht richtig locker und luftig.

Alternative:
Bei den Beeren kannst du natürlich variieren nach eigenem Gusto.

Nährwerte pro Stück (bei 9 Stücken): 133 kcal | 22,4 g KH | 4,5 g P | 6,3 g F

#frechesfrüchtchen

Fruchtschnittchen

Zutaten
(Backblech)

Teig
4 Eier
40 g Erythrit
85 g Dinkelmehl
1 TL Backpulver
1 Prise Salz

Creme
300 g Magerquark
100 g Joghurt 1,5 %
150 g Erdbeeren
15 g Sofort Gelatine
25 g Erythrit

Backofen auf 180 °C Umluft vorheizen.

Eier und Erythrit mit dem Mixer richtig schaumig schlagen, bis sich die Masse deutlich vergrößert hat – dauert ca. 3 Minuten. Mehl und Backpulver dazugeben, zügig vermengen und auf einem mit Backpapier belegtem Backblech glatt streichen.

Den Biskuit ca. 12 Minuten backen, auf ein Gitter stürzen, Backpapier abziehen und auskühlen lassen.

Für die Creme die Erdbeeren waschen und klein schneiden. Joghurt, Quark, Erythrit und Gelatine gut verrühren und die Erdbeeren unter die Masse heben.

Den Biskuit halbieren. Eine Hälfte mit der Creme bestreichen, die andere obendrauf legen und leicht andrücken. Mindestens 2 Stunden im Kühlschrank auskühlen lassen und in Schnitten schneiden.

Alternative:
Du kannst dir mit diesem Rezept auch ganz einfach eine Milchschnitte selber zaubern. Einfach 25 g des Mehles durch Backkakao ersetzen. Bei der Creme die Früchte weglassen und dafür noch etwas Vanillearoma hinzufügen. Ansonsten bleiben alle Arbeitsschritte gleich.

Nährwerte pro Schnitte (bei 10 Schnitten): 98 kcal | 16,3 g KH | 8,4 g P | 2,4 g F

#mamasliebling

Philadelphia-Torte

Zutaten
(Springform, ø 17 cm)

Boden
8 Löffelbiskuit
30 g Butter light (geschmolzen)

Creme
250 g Frischkäse light
300 g Joghurt 1,5 %
1 Beutel Zitronen Götterspeise
45 g Erythrit
100 ml Wasser

Für den Boden die Kekse zerkleinern, mit der Butter vermengen und in eine mit Backpapier ausgelegte Springform drücken.

Für die Creme Wasser, Erythrit und Götterspeise in einen Topf geben und erhitzen, bis sich alles aufgelöst hat. Joghurt und Frischkäse verrühren und die flüssige Götterspeise dazugeben. Alles gut vermengen und auf dem Keksboden verteilen.

Den Kuchen über Nacht in den Kühlschrank stellen und komplett auskühlen lassen.

Tipp:
Gib die Kekse in einen Gefrierbeutel und zerkleinere sie mit einem Nudelholz, einer Flasche oder einem größeren Glas – so ist es am einfachsten.
Die Keksbrösel kannst du am besten mit dem Glasrücken fest in die Form drücken, so wird er schön kompakt und lässt sich nach dem Abkühlen gut aus der Form lösen.

Nährwerte pro Stück (bei 8 Stücken): 86 kcal | 15 g KH | 6,1 g P | 3 g F

#schnitterotweiß

Erdbeerschnitten

Zutaten
(Backform, 18 x 28 cm)

Teig
2 Eier
70 g Erythrit
60 g Dinkelmehl
1 TL Backpulver
1 Prise Salz

Creme
1 Päckchen Puddingpulver Vanille
500 ml Milch 1,5 %
200 g Magerquark
40 g Erythrit

Fruchttopping
500 g Erdbeeren
1 Päckchen roter Tortenguss
Süße nach Wahl

Ofen auf 170 °C Umluft vorheizen.

Eier trennen und das Eiweiß steif schlagen. Erythrit und Salz langsam dabei einrieseln lassen. Eigelb, Mehl und Backpulver miteinander verrühren und das Eiweiß vorsichtig unterheben.

Den Teig in die gefettete Backform füllen, glatt streichen und ca. 15 Minuten backen. Anschließend auskühlen lassen.

Pudding nach Packungsanleitung zubereiten. Einen kurzen Moment abkühlen lassen und den Quark untermengen. Die Masse auf dem Boden verteilen.

Erdbeeren waschen, klein schneiden und auf der Cremeschicht verteilen.

Tortenguss nach Anleitung zubereiten und gleichmäßig über die Früchte gießen. Den ganzen Kuchen für mindestens 3 – 4 Stunden (am besten über Nacht) im Kühlschrank auskühlen lassen.

Alternative:
Probiere das Ganze mal in der Schokovariante und nutze Schokoladen- anstatt Vanillepudding.

Nährwerte pro Stück (bei 8 Stücken): 135 kcal | 31,6 g KH | 8 g P | 2,7 g F

#bumikuh

Buttermilchkuchen

Zutaten
(Brownie-Backform, 20 x 20 cm)

Teig
1 Ei
200 g Dinkelmehl
50 – 70 g Erythrit
200 ml Buttermilch
1/2 Päckchen Backpulver
175 g Kirschen (aus dem Glas)

Topping
3 EL Kokosraspel
50 ml Buttermilch

Ofen auf 170 °C Umluft vorheizen.

Ei und Erythrit schaumig schlagen. Mehl, Buttermilch und Backpulver unterrühren.

Brownie-Backform gut einfetten oder mit Backpapier auslegen und den Teig einfüllen. Die Kirschen abtropfen lassen und auf dem Teig verteilen. Die Kokosraspel obendrauf verteilen und für 25 – 30 Minuten backen. Stäbchenprobe nicht vergessen!

Nach dem Backen die restliche Buttermilch auf dem HEISSEN Kuchen verteilen und auskühlen lassen.

Tipp:
Hat der Kuchen vor Ablauf der Zeit die gewünschte Bräune erreicht? Decke ihn mit Alufolie ab und verhindere so, dass er zu dunkel wird oder gar verbrennt.
Du bekommst etwas mehr Besuch oder möchtest etwas von dem Kuchen einfrieren?
Kein Thema: doppeltes Rezept = ganzes Blech voller Kuchen.

Alternativen:
Anstatt Kirschen kannst du auch Blaubeeren, Himbeeren oder z.B. Mandarinen verwenden.
Die Kokosraspel kannst du auch durch 50 g gehobelte Mandeln gemischt mit 2 EL Erythrit ersetzen.

Nährwerte pro Stück (bei 9 Stücken): 130 kcal | 25 g KH | 4,4 g P | 3,1 g F

#fruchtigesitalien

Erdbeer-Tiramisu

Zutaten
(Auflaufform, 13 x 19 cm)

12 Löffelbiskuit ohne Zuckerkruste
500 g Magerquark
220 g Erdbeeren
2 Espressi (oder Orangensaft)
40 g Erythrit
etwas Vanillearoma

Erdbeeren waschen und in Scheiben schneiden.

Den Quark mit einem kleinen Schluck Wasser glatt rühren und mit der Süße und dem Vanillearoma abschmecken.

6 Löffelbiskuits in die Auflaufform legen und mit der Hälfte des Espressos beträufeln. Die Hälfte der Quarkcreme darauf verteilen und die Hälfte der Erdbeerscheiben darauf schichten. Nun alle Schritte wiederholen, bis alles aufgebraucht ist. Am Besten mit einer dünnen Schicht Quarkcreme abschliessen.

Das ganze mindestens 3 Stunden kalt stellen (am Besten über Nacht), damit es schön durchziehen kann. Vor dem Servieren mit Kakao bestäuben.

Tipp:
Du kannst natürlich auch die normalen Löffelbiskuit verwenden. Die Werte variieren dann natürlich.

Alternativen:
Die Erdbeersaison ist vorbei? Kein Problem. Es schmeckt z.B. auch mit Himbeeren, Pfirsichen oder einer Beerenmischung.

Nährwerte pro Stück (bei 4 Stücken): 200 kcal | 36 g KH | 18,5 g P | 1,7 g F

#streuselparty

Streuselkuchen

Zutaten
(Backform, 18 x 28 cm)

Teig
150 g Mehl
50 g zarte Haferflocken
1 TL Backpulver
1 Prise Salz
100 g Magerquark
50 g Pflanzenöl
1 Ei
50 ml Milch 1,5 %
50 g Erythrit

Früchte
200 g Blaubeeren

Streusel
80 g Haferflocken
30 g gemahlene Nüsse
2 EL Kokosöl
2 EL Honig

Backofen auf 180 °C Umluft vorheizen.

Mehl, Haferflocken, Backpulver und Erythrit in eine Schüssel geben und verrühren. Öl, Magerquark, Ei und Milch dazugeben und alles zu einem glatten Teig vermengen.

Den Teig in die mit Backpapier ausgelegte (oder eingefettete) Backform geben und glatt streichen. Die Blaubeeren darauf verteilen, sodass der Boden gut damit bedeckt ist.

Für die Streusel alle Zutaten in einer Schüssel zu einem Teig verkneten und auf den Kuchen geben.

Das Ganze ca. 25 Minuten backen.

Alternative:
Natürlich ist der Kuchen auch für viele andere Fruchtsorten, wie z.B. Äpfel, Kirschen und Pflaumen, geeignet. Ich habe schon viele Varianten probiert und sie waren alle super lecker. Die Menge an Früchten musst du vielleicht etwas anpassen, aber achte einfach immer darauf, dass der Boden gut mit Früchten bedeckt ist.

Nährwerte pro Stück (bei 10 Stücken) : 219 kcal | 28,4 g KH | 6 g P | 10,6 g F

#blinderkuchen

Maulwurfschnitten

Zutaten
(Backform, 18 x 28 cm)

Teig
150 g Dinkelmehl
50 g Erythrit
20 g Backkakao
1/2 Päckchen Backpulver
1 Prise Salz
40 ml Pflanzenöl
200 ml Sprudelwasser

Füllung
4 Bananen
350 g Magerquark
70 ml Sahne 19 % (zum Aufschlagen)
25 g Erythrit
30 g zuckerfreie Schokolade

Ofen auf 180 °C Umluft vorheizen.

Zuerst die trockenen Zutaten in einer Schüssel mischen. Dann die nassen Zutaten dazu geben und zu einem glatten Teig vermengen. Den Teig in die gefettete Backform füllen und ca. 15 Minuten backen – auskühlen lassen.

Nach dem Abkühlen die obere Schicht vom Kuchen abkratzen oder abschneiden. Dabei ca. 1 cm Rand stehen lassen. Den abgeschnittenen Teig zerbröseln.

Bananen halbieren und auf den ausgekratzten Teil des Kuchens legen.

Sahne steif schlagen. Den Quark mit dem Erythrit vermischen und die Sahne vorsichtig unterheben. Schokolade fein hacken und ebenfalls unter die Creme heben. Die Creme gleichmäßig auf den Kuchen streichen und zum Schluss die Kuchenbrösel obendrauf streuen.

Kuchen mindestens eine Stunde kaltstellen.

Alternative:
In der Erdbeersaison kannst du die Bananen auch durch Erdbeeren ersetzen. Schmeckt auch sehr lecker.

Nährwerte pro Stück (bei 10 Stücken): 180 kcal | 29,3 g KH | 7 g P | 6,6 g F

#hüngerchen

Blaubeermuffins

Zutaten
(12er Muffinblech)

130 g Dinkelmehl
40 g Erythrit
1 Ei
60 ml Sprudelwasser
35 ml Pflanzenöl
1/2 Päckchen Backpulver
1 Prise Salz
100 g Blaubeeren
etwas Zitronenaroma/-abrieb

Ofen auf 180 °C Ober-/Unterhitze vorheizen.

Alle Zutaten (bis auf die Blaubeeren) zu einem glatten Teig vermengen. Zum Schluss die Blaubeeren unter den Teig rühren und auf 9 Muffinformen aufteilen.

Für ca. 20 – 25 Minuten backen. Stäbchenprobe nicht vergessen!

Tipp:
Die Muffinform sollte nie mehr als 2/3 gefüllt sein. Ansonsten kann es passieren, dass dir der Teig überläuft.

Alternativen:
Die Blaubeeren kannst du natürlich nach Lust und Laune durch andere Früchte ersetzen.
Du hast Lust auf Schokomuffins? Dann füge dem Teig ca. 10 – 15 g Backkakao hinzu. Eventuell musst du dann zusätzlich noch etwas mehr Erythrit verwenden und einen zusätzlichen Schluck Sprudelwasser nehmen. Der Teig sollte nicht zu flüssig, sondern schön zäh-flüssig sein. Ein paar Schokodrops passen bei dieser Variante auch sehr gut in den Teig.

Nährwerte pro Stück (bei 9 Stücken): 95 kcal | 15,1 g KH | 2,3 g P | 4,3 g F

pure linen

#etwasvombaum

Apfelkuchen

Zutaten
(Springform , ø 17 cm)

Teig
150 g Dinkelmehl
40 g Erythrit
40 g Butter light
1 Ei
1/2 TL Backpulver
1 Prise Salz

Füllung
450 g Äpfel
40 g Rosinen (optional)
45 g Erythrit
1/2 TL Zimt

Glasur
40 g Puderxucker
3 TL Zitronensaft oder Wasser

Backofen auf 180 °C Ober-/Unterhitze vorheizen.

Für den Teig alle Zutaten gut verkneten. Eine Kugel formen und in den Kühlschrank stellen.

Für die Füllung die Äpfel schälen, entkernen und klein schneiden. Äpfel mit Erythrit, Rosinen und Zimt in einen Topf geben und auf höchster Stufe erhitzen. Die Hitze runter drehen und ca. 10 Minuten dünsten.

Den Teig aus dem Kühlschrank holen und halbieren. Eine Hälfte mit etwas Mehl ausrollen und mit der 17 cm Springform einen Kreis ausstechen. Den Kreis beiseitelegen und den übrig gebliebenen Teig zur anderen Teighälfte dazugeben.

Die Springform einfetten und mit etwas Mehl bestäuben. Den restlichen Teig etwas größer als die Springform ausrollen, in die Form hineinlegen und an den Seiten einen ca. 3 cm hohen Rand formen. Mit einer Gabel den Boden mehrmals einstechen und die Apfelfüllung darauf verteilen. Die Füllung mit dem Löffel leicht festdrücken. Den ausgestochenen Teig als Decke auf den Kuchen legen und die Ränder festdrücken. Ebenfalls mit der Gabel mehrmals einstechen und 35 – 40 Minuten backen.

Gut abkühlen lassen. Den Guss anrühren, darauf verteilen und fest werden lassen.

Nährwerte pro Stück (bei 8 Stücken): 127 kcal | 35,7 g KH | 3,1 g P | 3,1 g F

#süßeröllchen

Zimtschnecken

Zutaten
(Backform, 18 x 28 cm)

Teig
300 g Dinkelmehl
150 ml Milch 1,5 %
50 g Butter light
1 Päckchen Backpulver
1 Prise Salz
25 g Erythrit

Füllung
50 g Butter light (weich)
20 g Erythrit
1 TL Zimt

Backofen auf 180 °C Ober-/Unterhitze vorheizen.

Die Zutaten für die Füllung gut miteinander verrühren und beiseitestellen.

Aus den Zutaten für den Teig, einen geschmeidigen Teig kneten. Den Teig auf einer bemehlten Fläche rechteckig ausrollen und gleichmäßig mit der Füllung bestreichen.
Von der langen Seite her eng aufrollen und in 12 gleich große Stücke schneiden.

Die Schnecken mit der Schnittseite nach unten in die gefettete oder mit Backpapier ausgelegte Backform legen.

Für ca. 25 – 30 Minuten backen. Stäbchenprobe nicht vergessen!

Nährwerte pro Stück (bei 12 Stücken): 126 kcal | 22,2 g KH | 3,3 g P | 3,8 g F

#süßesbayern

Puddingteilchen

Zutaten

Teig
290 g Dinkelmehl
150 g Magerquark
etwas Vanillearoma
50 g Erythrit
1 Ei
6 EL Öl (z.B. Rapsöl)
6 EL Milch 1,5 %
1 Päckchen Backpulver
1 Prise Salz

Puddingfüllung
1 Päckchen Sahne Puddingpulver
450 ml Milch 1,5 %
2 EL Erythrit

Ofen auf 160 °C Umluft vorheizen.

Alle Zutaten für den Teig gut verkneten. Den Teig in 12 gleich große Stücke teilen. Jedes Stück mit leicht bemehlten Händen zu dünnen Rollen formen und zu einer Brezel zusammenlegen. Den geformten Teig auf ein Backblech (mit Backpapier) legen.

Den Pudding nach Anleitung zubereiten und die Brezel damit befüllen. Es wird ein kleiner Rest Pudding übrig bleiben, den du direkt genießen kannst.

Die Teilchen ca. 20 – 25 Minuten backen. Gut abkühlen lassen!

Tipp :
Solltest du das Ganze als Fladen zubereiten, kannst du auf dem Pudding auch noch ein paar Blaubeeren oder andere Beeren/Früchte legen und somit leckere Fruchtplunder herstellen.

Nährwerte pro Stück (bei 12 Stücken): 180 kcal | 23 g KH | 6 g P | 6,5 g F

#nochmehrvombaum

Birnen-Marzipan-Kuchen

Zutaten
(Springform, ø 15 cm)

50 g Marzipan
50 g Butter light
50 g Erythrit
50 g Dinkelmehl
1 Ei
1,5 TL Backpulver
1/2 TL Zimt
2 EL Milch 1,5 %
Prise Salz
1 Birne

Backofen auf 170 °C Ober-/Unterhitze vorheizen.

Birne schälen, entkernen und in Scheiben schneiden.

Butter, Erythrit und Zimt mit einem Mixer cremig schlagen. Das Ei dazugeben und alles gut verrühren. Marzipan raspeln, mit Mehl, Backpulver, Milch und Salz zu der Masse geben und nochmals gut verrühren.

Den Boden der Springform mit Backpapier auslegen und die Ränder leicht einfetten. Den Teig in die Form geben, glatt streichen und die Birnen kranzförmig darauf verteilen.

Den Kuchen ca. 30 Minuten backen und auskühlen lassen.

Tipp:
Wenn du das Marzipan raspeln möchtest, leg es 30 Minuten vorher in den Gefrierschrank.
So lässt es sich besser reiben.

Nährwerte pro Stück (bei 6 Stücken): 130 kcal | 22,5 g KH | 3 g P | 6,4 g F

Lebkuchen

Zutaten
(Backblech)

Teig
350 g Dinkelmehl
150 g Erythrit
100 g gemahlene Nüsse
1 Päckchen Backpulver
1 Prise Salz
3 TL Lebkuchengewürz
1 TL Nelkenpulver
250 ml Milch 1,5 %
150 g Butter light (flüssig)
2 EL Honig
4 Eier

Ofen auf 200 °C Umluft vorheizen.

Zuerst alle trockenen Zutaten in eine Schüssel geben und gut vermischen. Anschließend die nassen Zutaten dazugeben, Deckel drauf und kräftig durchschütteln. Kurz mit dem Schaber durchrühren und den Teig auf ein gefettetes oder mit Backpapier ausgelegtes Backblech streichen.

Den Lebkuchen ca. 20 – 25 Minuten backen. Stäbchenprobe nicht vergessen!

Tipp:
Wenn du keinen Deckel für deine Schüssel hast, kannst du den Teig mit einem Schneebesen verrühren.

Nährwerte pro Stück (bei 25 Stücken): 119 kcal | 18 g KH | 4 g P | 5 g F

Etwas für die Figur

Snickers-Torte
Seite 76

Käsekuchen-Brownies
Seite 78

Pfannen-Cookie
Seite 80

Brownie
Seite 82

Nussecken
Seite 84

Cookies
Seite 86

Schoko-Tassenkuchen
Seite 88

Brookies
Seite 90

Apfel-Crumble
Seite 92

#gastauftritt

Snickers-Torte by @maxismam_hoch_joni

Zutaten
(Springform, ø 16 cm)

Boden
150 g Butterkeks (30 % weniger Zucker)
50 g Kokosöl (geschmolzen)

Creme
50 g Erdnussmus
300 g Magerquark
100 ml Sahne light 19 % (zum Aufschlagen)
30 g Erythrit
15 g Gelatine Fix

Topping
60 g zuckerfreie Schokolade
1 TL Erdnussmus
1 Handvoll gesalzene Erdnüsse (optional)

Für den Boden die Kekse zerbröseln, mit geschmolzenem Kokosöl vermischen und in eine mit Backpapier ausgelegte Springform drücken – auskühlen lassen!

Das Erdnussmus auf dem Boden gleichmäßig verteilen.

Für die Creme zuerst die Sahne steif schlagen. Quark mit Erythrit mischen und das Gelatine Fix unterrühren. Die Sahne unterheben, und die Masse auf dem Erdnussmus verteilen. Für mindestens 2 Stunden in den Kühlschrank stellen und fest werden lassen!

Zum Schluss die Schokolade schmelzen und auf der Creme verteilen.

Wer mag, verteilt noch ein paar gehackte Erdnüsse obendrauf. Anschließend nochmals kalt stellen, bis die Schokolade ausgehärtet ist.

Tipp :
Gib die Kekse in einen Gefrierbeutel und zerkleinere sie mit einem Nudelholz, einer Flasche oder einem größeren Glas – so ist es am einfachsten.
Die Keksbrösel kannst du am besten mit dem Glasrücken fest in die Form drücken, so wird er schön kompakt und lässt sich nach dem Abkühlen gut aus der Form lösen.
Solltest du Löffelbiskuit verwenden, nimm bitte nur die Hälfte der angegebenen Kekse für den Boden.

Nährwerte pro Stück (bei 8 Stücken): 261 kcal | 23,6 g KH | 9 g P | 15,8 g F

#käseplatte

Käsekuchen-Brownies

Zutaten
(Brownie-Backform, 20 x 20 cm)

Brownieteig
150 g Dinkelmehl
70 g Erythrit
20 g Backkakao
1 Ei
5 g Backpulver
1 Prise Salz
30 g Pflanzenöl
200 ml Sprudelwasser

Käsekuchencreme
250 g Quark 20 %
100 g Frischkäse light
50 g Erythrit
etwas Vanillearoma

Ofen auf 170 °C Ober-/Unterhitze vorheizen.

Für den Brownieteig zuerst die trockenen Zutaten in einer Schüssel vermischen. Dann die nassen Zutaten dazugeben und alles zu einem glatten Teig verrühren. Den Teig in eine mit Backpapier ausgelegte oder eingefettete Brownie-Backform füllen und glatt streichen.

Für den Käsekuchen alle Zutaten ebenfalls zu einem glatten Teig verrühren. Diesen mit einem Löffel kleckerweise auf den Brownieteig geben. Mit einer kleinen Gabel oder einem Holzstäbchen beide Teige leicht miteinander vermengen. So entsteht die Marmorierung.

Den Kuchen für ca. 35 Minuten backen. Anschließend bei etwas geöffneter Ofentüre etwa 10 Minuten nachziehen und danach komplett auskühlen lassen.

Tipp:
Am besten schmecken die Käsekuchen-Brownies, wenn sie eine Nacht im Kühlschrank durchgezogen sind.

Nährwerte pro Stück (bei 9 Stücken): 134 kcal | 25,9 g KH | 6,8 g P | 6 g F

#hüftgold

Pfannen-Cookie

Zutaten
(Gusspfanne, ø 15 cm)

90 g Dinkelmehl
1/2 TL Backpulver
1 Prise Salz
60 g Butter light (weich)
80 g brauner Xucker
20 g Erythrit
1 Ei
50 g zuckerfreie Schokolade

Backofen auf 180 °C Ober-/Unterhitze vorheizen.

Butter, Xucker und Erythrit mit dem Mixer schaumig schlagen. Anschließend das Ei zugeben und verrühren. Mehl und Backpulver hinzufügen und alles zu einem homogenen Teig verarbeiten.

Zum Schluss die Schokolade klein hacken oder Schokodrops verwenden und untermengen.

Eine kleine Gusspfanne oder Auflaufform einfetten, Teig hineingeben, glatt streichen und ca. 25 Minuten backen.

Leicht abkühlen lassen und noch warm genießen.

Tipp:
Der Pfannencookie schmeckt warm am besten, aber du kannst ihn auch ohne Probleme abgekühlt essen.
Probiere das Ganze mal mit einer Kugel Eis dazu! Das schmeckt so gut, vor allem, wenn das Eis langsam anfängt, auf dem warmen Cookie zu schmelzen.

Nährwerte pro Portion (bei 4 Portionen): 222 kcal | 44,1 g KH | 5,4 g P | 13,3 g F

Print PAT.
LTD. Taipei Taiwan

#schokoholic

Brownies

Zutaten
(Brownie-Backform, 20 x 20 cm)

80 g Kokosmehl
60 g Backkakao
50 g Kokosblütenzucker
100 g Kokosöl
30 g Nussmus
1,5 TL Backpulver
1 Prise Salz
1 Ei
300 ml Milch 1,5 %
Handvoll zuckerfreie Schokodrops (optional)

Zuerst die trockenen Zutaten in einer Schüssel mischen. Das Kokosöl schmelzen und die nassen Zutaten in einer separaten Schüssel vermischen.

Nun die nassen Zutaten zu den trockenen geben und alles vermengen, bis ein glatter Teig entsteht.

Die Schokodrops unterheben und den Teig in die eingefettete oder mit Backpapier ausgelegte Brownie-Backform füllen.

Bei 170 °C ca. 25 Minuten backen – OHNE VORHEIZEN!

Tipp:
Du backst gerne mit Proteinpulver? Ersetze 20 g Kokosmehl durch Schokoprotein.

Alternativen:
Du kannst auch Kirschen anstatt Schokodrops mit in den Teig geben. Das macht den Brownie noch saftiger.

Nährwerte pro Stück (bei 9 Stücken): 216 kcal | 9,9 g KH | 5,9 g P | 15,8 g F

#kraftpaket

Nussecken

Zutaten
(Brownie-Backform, 20 x 20 cm)

Teig
150 g Dinkelmehl
50 g Erythrit
45 g Butter light
1 Ei
1/2 TL Backpulver

Fruchtschicht
80 g Marmelade

Nussfüllung
70 g gemahlene Mandeln
50 g gehackte Mandeln
50 g gehackte Haselnüsse
50 g Butter light
50 g Erythrit
2 EL Wasser

Backofen auf 180 °C Ober-/Unterhitze vorheizen.

Die Zutaten für den Teig gut verkneten und in eine mit Backpapier ausgelegte Brownie-Backform drücken. Den Teig in den Kühlschrank stellen.

Für die Nussfüllung die Butter light mit dem Erythrit in einen Topf geben und erhitzen, bis alles geschmolzen ist. Wasser und Nüsse mit dazugeben und alles gut vermengen.

Den Teig aus dem Kühlschrank holen und die Marmelade darauf verstreichen. Die Nussmasse darauf geben und ebenfalls gleichmäßig verteilen und leicht andrücken.

Die Nussecken gute 20 Minuten backen, aus dem Ofen holen und nur kurz abkühlen lassen.

Noch warm in Dreiecke oder Quadrate schneiden und dann komplett abkühlen lassen.

Tipp:
Es ist wichtig, dass du die Nussecken noch im warmen Zustand schneidest. Wenn sie ausgehärtet sind, zerbrechen sie dir dabei.

Alternative:
Auch was die Nüsse angeht, kannst du die Sorte selber wählen! Walnuss, Paranuss oder vielleicht doch Erdnuss?
Probier dich da gerne aus.

Nährwerte pro Stück (bei 8 Stücken): 271 kcal | 31,6 g KH | 7,2 g P | 17,3 g F

#krümelmonster

Cookies

Zutaten

70 g Butter light (weich)
30 g Frischkäse light
60 g brauner Xucker
50 g Erythrit
1 Ei
150 g Dinkelmehl
1/2 TL Backpulver
1 Prise Salz
90 g zuckerfreie Schokodrops

Ofen auf 175 °C Umluft vorheizen.

Zuerst Butter, Erythrit, Xucker, Frischkäse und Ei zu einer cremigen Masse vermischen.
Danach Mehl, Backpulver und Salz dazugeben und alles zu einem glatten Teig verarbeiten.
Zum Schluss die zuckerfreien Schokodrops unter den Teig heben.

Den Teig für etwa 30 – 45 Minuten kühl stellen.

Anschließend mit einem Löffel oder der Hand kleine Mengen Teig aus der Schüssel nehmen und diese zu Kugeln formen.

Ein Backblech mit Backpapier auslegen, die Kugeln mit etwas Abstand zueinander darauf verteilen und leicht flach drücken.

Die Cookies 9 – 10 Minuten backen, bis sie leicht gebräunt sind und komplett auskühlen lassen.

Tipp:
Die Cookies halten sich am besten, wenn du sie in eine Plätzchendose legst. Diese kannst du vorher noch mit Butterbrotpapier auslegen.

Nährwerte pro Stück (bei 16 Stücken): 78 kcal | 16,4 g KH | 2 g P | 3,7 g F

#heißestässchen

Schoko-Tassenkuchen

Zutaten
(2 Tassen à 200 ml)

4 EL Dinkelmehl
3 EL Backkakao
4 EL Erythrit
2 EL Pflanzenöl
4 EL Milch 1,5 %
1/2 TL Backpulver
1 Prise Salz
1 Ei

Die trockenen Zutaten in eine Schüssel geben und alles gut vermischen. Dann Öl, Milch und das Ei dazugeben und zu einem geschmeidigen Teig verrühren.

Den Teig gleichmäßig in 2 Kaffeetassen füllen und diese bei 700 Watt für ca. 2,5 Minuten in die Mikrowelle stellen.

Kurz abkühlen lassen und genießen.

Tipp:
Solltest du das ganze Rezept in einem großen Kaffeepot machen, stelle den Timer auf 3 – 3,5 Minuten. Nach 3 Minuten würde ich eine Stäbchenprobe machen.
Der Tassenkuchen ist für den sofortigen Verzehr gedacht. Steht er zu lange, wird er zu trocken und kann hart werden.

Alternative:
Du kannst auch noch ein paar Schokodrops mit in den Teig geben – schmeckt auch sehr gut! Magst du es lieber etwas softer, reduziere die Backzeit auf 2 Minuten.

Nährwerte für 1 Tasse: 339 kcal | 48,4 g KH | 10,2 g P | 21,4 g F

pure linen.

#süßespärchen

Brookies

Zutaten
(Brownie-Backform, 20 x 20 cm)

Brownieteig
150 g Dinkelmehl
70 g Erythrit
20 g Backkakao
1 Ei
5 g Backpulver
1 Prise Salz
30 g Pflanzenöl
200 ml Sprudelwasser

Cookieteig
85 g Butter light
20 g brauner Xucker
160 g Dinkelmehl
2 TL Backpulver
1 Prise Salz
50 g Erythrit
25 g zuckerfreie Schokodrops

Ofen auf 180 °C Ober-/Unterhitze vorheizen.

Für den Brownieteig zuerst die trockenen Zutaten in einer Schüssel mischen. Dann die nassen Zutaten dazugeben und alles zu einem glatten Teig vermengen. Den Teig in eine mit Backpapier ausgelegte oder gefettete Brownie-Backform füllen und glatt streichen.

Für den Cookieteig zuerst Butter, Erythrit und braunen Xucker cremig schlagen. Dann Mehl und Backpulver dazugeben und gut verkneten. Zum Schluss werden die Schokodrops untergeknetet.

Mit leicht bemehlten Händen den Cookieteig gleichmäßig auf den Brownieteig zupfen.

Den Kuchen für ca. 35 Minuten backen und gut abkühlen lassen!

Nährwerte pro Stück (bei 16 Stücken): 121 kcal | 22,7 g KH | 3 g P | 5,5 g F

#ofengeflüster

Apfel-Crumble

Zutaten
(Auflaufform, 14 x 21 cm)

80 g Dinkelmehl
40 g Butter light
30 g Erythrit
1 TL Zimt oder Bratapfelgewürz
2 große Äpfel (ca. 270 g)
150 g Apfelmark

Backofen auf 180 °C Umluft vorheizen.

Äpfel schälen, entkernen und in kleine Stücke schneiden. Mit dem Apfelmark vermengen und in eine kleine Auflaufform geben.

Aus Mehl, Butter, Zimt/Bratapfelgewürz und dem Erythrit einen Teig kneten. Den Teig gleichmäßig auf die Apfelmasse zupfen und ca. 25 Minuten backen.

Den Apfel-Crumble kurz abkühlen lassen und noch warm genießen.

Tipp:
Das Rezept für das Bratapfelgewürz findest du auf Seite 122.
Sollte der Streuselteig etwas zu feucht sein, füge noch etwas Mehl hinzu!
Der Unterschied zwischen Apfelmark und Apfelmus liegt übrigens darin, dass bei Apfelmus zusätzlicher Zucker hinzugefügt wird. Daher nutze ich Apfelmark.

Alternative:
Anstelle von Äpfeln, passen auch sehr gut Pflaumen, Birnen oder Kirschen. Die Frucht kannst du nach Lust und Laune variieren. Das Apfelmark kannst du bei einer anderen Frucht natürlich durch z.B. Pflaumenmus ersetzen.

Nährwerte pro Portion (bei 2 Portionen): 335 kcal | 68,3 g KH | 5,2 g P | 9,2 g F

Ich bin rollig

Biskuitrollen Grundrezept
Seite 96

Zitronen-Rolle
Seite 98

Karottenkuchen-Rolle
Seite 100

Piña-Colada-Rolle
Seite 102

Yogurette-Rolle
Seite 104

Fantakuchen-Rolle
Seite 106

Milchschnitten-Rolle
Seite 108

Donauwellen-Rolle
Seite 110

Schoko-Minz-Rolle
Seite 112

Raffaelo-Rolle
Seite 114

Mohn-Frucht-Rolle
Seite 116

Kaffee-Rolle
Seite 118

Schwarzwälder-Kirsch-Rolle
Seite 120

Bratapfel-Rolle
Seite 122

Vanillekipferl-Rolle
Seite 124

#startup

Biskuitrollen Grundrezept

Zutaten

Heller Teig
2 Eier
50 g Dinkelmehl
40 g Erythrit
30 ml Wasser
1 TL Backpulver

Dunkler Teig
2 Eier
50 g Dinkelmehl
40 g Erythrit
1 TL Backkakao
40 ml Wasser
1 TL Backpulver

Backofen auf 170 °C Ober-/Unterhitze vorheizen.

Eier trennen und das Eiweiß steif schlagen. Eigelb mit den restlichen Zutaten glatt rühren und das Eiweiß vorsichtig unterheben.

Den Teig auf ein Backblech (mit Backpapier) streichen. Der Teig sollte ca. 1 cm dick sein – etwas größer als ein DIN A4 Blatt.

Für 10 – 12 Minuten backen, bis der Biskuit leicht gebräunt ist.

Den Biskuit auf ein sauberes Küchentuch stürzen und vorsichtig einrollen.

Tipp:
Lasse die Rolle nicht zu lange auskühlen, da sie sonst brüchig werden kann.
Am besten bereitest du, je nach Aufwand, beim Backen und Auskühlen die gewünschte Füllung zu, sodass du die Rolle nach 3 – 4 Minuten füllen und kühl stellen kannst.

Die Nährwerte der verschiedenen Rezepte beziehen sich auf die GANZE Rolle. Eine Rolle ergibt bei mir ca. 10 Stücke.
Nährwerte heller Teig: 325 kcal | 76,1 g KH | 18,5 g P | 10,9 g F
Nährwerte dunkler Teig: 352 kcal | 76,8 g KH | 20 g P | 12,5 g F

Zitronen-Rolle

Zutaten

Teig
Grundrezept „Heller Teig"

Creme
250 g Magerquark
30 g Erythrit
Schluck Wasser
20 ml Zitronensaft
Zitronenabrieb/-aroma

Den Grundteig wie auf Seite 96 zubereiten.

Quark mit Erythrit, Zitrone und Wasser glatt rühren, auf dem Biskuit verteilen, wieder einrollen und für ein paar Stunden kalt stellen.

Tipp:
Solltest du frischen Zitronenabrieb nehmen, nimm eine Bio-Zitrone. Alternativ kannst du Zitronenabrieb auch in kleinen Tütchen kaufen.

Nährwerte: 503 kcal | 117 g KH | 48,6 g P | 11,5 g F

#meisterlampe

Karottenkuchen-Rolle

Zutaten

Teig
Grundrezept „Heller Teig"
+ 50 g fein geraspelte Möhre
+ 1 gute Prise Zimt

Creme
180 g Magerquark
70 g Frischkäse light
35 g Puderxucker
1 Spritzer Zitrone

Den Grundteig wie auf Seite 96 zubereiten. Zusätzlich zu dem Eigelb noch 50 g fein geraspelte Möhre und eine gute Prise Zimt hinzugeben.

Quark mit Frischkäse, Puderxucker und Zitrone verrühren. Die Creme auf dem Biskuit verteilen, wieder einrollen und für ein paar Stunden kaltstellen.

Nährwerte: 510 kcal | 129,6 g KH | 48,2 g P | 11,5 g F

#südseezauber

Piña-Colada-Rolle

Zutaten

Teig
Grundrezept „Heller Teig“

Creme
250 g Magerquark
120 g Ananas (aus der Dose)
25 g Erythrit
2 EL Kokosraspel
Kokosaroma (optional)

Den Grundteig wie auf Seite 96 zubereiten.

Ananas in kleine Stücke schneiden. Quark mit Erythrit und Kokosraspel verrühren. Ananas unter die Creme mischen. Die Creme auf dem Biskuit verteilen, wieder einrollen und für ein paar Stunden kaltstellen.

Nährwerte: 727 kcal | 137,2 g KH | 49,9 g P | 23,9 g F

#erdbeerfeld

Yogurette-Rolle

Zutaten

Teig
Grundrezept „Dunkler Teig"

Creme
250 g Magerquark
25 g Erythrit
1 Schluck Wasser
100 g Erdbeeren
2 Yogurette-Riegel

Den Grundteig wie auf Seite 96 zubereiten.

Erdbeeren und Yogurette-Riegel klein schneiden. Quark mit Erythrit und Wasser glatt rühren. Erdbeeren und Yogurette unterrühren und die Creme auf dem Biskuit verteilen, wieder einrollen und für ein paar Stunden kalt stellen.

Nährwerte: 710 kcal | 131,7 g KH | 52 g P | 22,3 g F

#kinderparty

Fantakuchen-Rolle

Zutaten

Teig
2 Eier
50 g Dinkelmehl
40 g Erythrit
30 ml Fanta Zero
1/2 TL geriebene Orangenschale
1 TL Backpulver
1 Prise Salz

Creme
200 g Magerquark
50 ml Sahne light 19 % (zum Aufschlagen)
25 g Erythrit
100 g Mandarinen (aus der Dose)

Backofen auf 170 °C Ober/Unterhitze vorheizen.

Eier trennen und das Eiweiß steif schlagen. Eigelb mit den restlichen Zutaten für den Teig glatt rühren und das Eiweiß vorsichtig unterheben. Den Teig auf ein Backblech (mit Backpapier) streichen. Der Teig sollte ca. 1 cm dick sein – etwas größer als ein DIN A4 Blatt.

Für 10 – 12 Minuten backen, bis der Biskuit leicht gebräunt ist. Den Biskuit auf ein sauberes Küchentuch stürzen und vorsichtig einrollen.

Sahne steif schlagen. Quark mit Erythrit verrühren und nacheinander die Sahne und Mandarinen vorsichtig unterheben. Die Creme auf dem Biskuit verteilen, wieder einrollen und für ein paar Stunden kalt stellen.

Tipp:
Solltest du frischen Orangenabrieb nehmen, nimm eine Bio-Orange. Alternativ kannst du Orangenabrieb auch in kleinen Tütchen kaufen.

Nährwerte: 634 kcal | 126,9 g KH | 44,2 g P | 21,1 g F

#gemolkenekuh

Milchschnitten-Rolle

Zutaten

Teig
Grundrezept „Dunkler Teig"

Creme
250 g Magerquark
etwas Vanillearoma
20 g Erythrit
1 Schluck Wasser

Den Grundteig wie auf Seite 96 zubereiten.

Quark mit dem Vanillearoma, Erythrit und Wasser glatt rühren, auf dem Biskuit verteilen, wieder einrollen und für ein paar Stunden kalt stellen.

Nährwerte: 520 kcal | 107 g KH | 50 g P | 13 g F

#nocheinwellenreiter

Donauwellen-Rolle

Zutaten

Teig
Grundrezept „Heller Teig"
+ 1 TL Backkakao

Creme
1/4 Päckchen Vanillepudding
125 ml Milch 1,5 %
100 g Magerquark
1 EL Erythrit

Topping
150 g Kirschen (aus dem Glas)
50 g zuckerfreie Schokolade

Backofen auf 170 °C Ober/Unterhitze vorheizen.

Eier trennen und das Eiweiß steif schlagen. Eigelb mit den restlichen Zutaten für den Teig glatt rühren und das Eiweiß vorsichtig unterheben.

Die Hälfte des Teiges auf ein Backblech (mit Backpapier) streichen. Zu der anderen Hälfte den Kakao geben, gut unterheben und auf dem hellen Teig verteilen.
Der Teig sollte ca. 1cm dick sein – etwas größer als ein DIN A4 Blatt.

Für 10 – 12 Minuten backen, bis der Biskuit leicht gebräunt ist. Den Biskuit auf ein sauberes Küchentuch stürzen und vorsichtig einrollen.

Für die Creme den Pudding nach Anleitung zubereiten und den Quark unterheben.

Die Rolle vorsichtig entrollen. Pudding auf dem Biskuit verteilen, an einem Ende gut 5cm frei lassen. Die Kirschen darauf verteilen, wieder einrollen und für ein paar Stunden kalt stellen.

Zum Schluss die Schokolade schmelzen und die Rolle damit glasieren.

Nährwerte: 890 kcal | 136,6 g KH | 42,6 g P | 40 g F

#beschwipsterhulk

Schoko-Minz-Rolle*

Zutaten

Teig
Grundrezept „Dunkler Teig"

Creme
150 g Magerquark
50 ml Sahne light 19 % (zum Aufschlagen)
25 g Erythrit
30 ml Pfefferminzlikör
30 g zuckerfreie Schokodrops

Den Grundteig wie auf Seite 96 zubereiten.

Die Sahne steif schlagen. Quark mit Likör und Erythrit verrühren und nacheinander Sahne und Schokodrops vorsichtig unterheben. Die Creme auf dem Biskuit verteilen, dabei an einer Seite einen kleinen Rand frei lassen und vorsichtig wieder einrollen.

Für ein paar Stunden kalt stellen.

Tipp:
Die Creme wirkt sehr „flüssig". Das ist aber normal und sie härtet im Kühlschrank aus.
Das Pfefferminzaroma des Likörs verstärkt sich, je länger die Rolle durchzieht. Nach 2 Tagen im Kühlschrank schmeckt die Rolle noch intensiver.

Nährwerte: 833 kcal | 131 g KH | 41,2 g P | 36,7 g F

*enthält Alkohol

#stargast

Raffaello-Rolle by @stefans_foodworld

Zutaten

Teig
Grundrezept „Heller Teig"

Creme
250 g Magerquark
1/4 Fläschchen Bittermandelaroma
2 TL Puderxucker
20 g Mandelblättchen

Überzug
50 g weiße Schokolade
20 g Kokosraspel

Den Grundteig wie auf Seite 96 zubereiten.

Quark, Puderxucker und Bittermandelaroma gut verrühren. Die Creme auf dem Biskuit verstreichen, die Mandelblättchen darauf verteilen, vorsichtig wieder einrollen und für ein paar Stunden kaltstellen.

Die weiße Schokolade zerkleinern, in eine Schüssel geben und im heißen Wasserbad schmelzen. Die flüssige Schokolade mit einem Pinsel auf der Biskuitrolle verteilen und zum Schluss mit den Kokosraspel bestreuen.

Nochmals etwas kaltstellen, damit die weiße Schokolade fest und knackig wird.

Nährwerte: 989 kcal | 109,9 g KH | 57,7 g P | 52,1 g F

#klatschgebäck

Mohn-Frucht-Rolle

Zutaten

Teig
Grundrezept „Heller Teig"
+ 20 g gemahlener Mohn

Füllung
100 g Marmelade

Den Grundteig wie auf Seite 96 zubereiten. Zusätzlich zu dem Eigelb noch 20 g gemahlenen Mohn hinzugeben.

Biskuit vorsichtig entrollen, mit der Marmelade bestreichen und wieder einrollen.

Alternative:
Anstelle von Marmelade kannst du auch Fruchtgrütze oder Fruchtkompott nehmen.

Nährwerte: 620 kcal | 122,7 g KH | 23 g P | 19,7 g F

LOVE
LOVE
love
LOVE LOVE
love love

#kaffeepäuschen

Kaffee-Rolle

Zutaten

Teig
Grundrezept „Heller Teig"

Creme
250 g Magerquark
25 g Erythrit
1 starker Espresso

Den Grundteig wie auf Seite 96 zubereiten.

Quark mit Erythrit und 2 EL Espresso verrühren. Den Biskuit mit dem restlichen Espresso beträufeln und die Creme darauf verteilen. Vorsichtig wieder einrollen und für ein paar Stunden kaltstellen.

Nährwerte: 496 kcal | 111,4 g KH | 48,6 g P | 11,5 g F

#schwarzerwald

Schwarzwälder-Kirsch-Rolle

Zutaten

Teig
Grundrezept „Dunkler Teig"

Creme
200 g Magerquark
50 ml Sahne light 19 % (zum Aufschlagen)
25 g Erythrit
100 g Kirschen (aus dem Glas)

Topping (optional)
Schokoraspel

Den Grundteig wie auf Seite 96 zubereiten.

Sahne steif schlagen. Quark mit Erythrit verrühren und die Sahne unterheben. Knapp die Hälfte der Creme auf dem Biskuit verteilen – an einem Ende 5 cm frei lassen.

Die Kirschen gut abtropfen lassen, im unteren Drittel verteilen und eng wieder einrollen. Mit der restlichen Creme die Rolle einstreichen und für ein paar Stunden kalt stellen.

Tipp:
Für den extra Schokokick, kannst du noch ein paar Schokoraspel auf die Creme geben.

Nährwerte: 669 kcal | 128 g KH | 45,7 g P | 23,7 g F

#ofenzauber

Bratapfel-Rolle

Zutaten

Teig
Grundrezept „Heller Teig“
+ 1 TL Lebkuchengewürz

Bratapfel-Füllung
1 Apfel (ca. 160 g)
30 g Walnüsse gehackt
15 g Erythrit
2 TL Bratapfel Gewürz
40 g Rosinen (optional)
1 Spritzer Zitrone

Creme
150 g Magerquark
50 ml Sahne light 19 % (zum Aufschlagen)
30 g Erythrit

Zuerst die Creme und Bratapfel-Füllung vorbereiten.

Für die Creme die Sahne steif schlagen. Magerquark mit Erythrit verrühren und die Sahne unterheben – in den Kühlschrank stellen.

Für die Bratapfel-Füllung den Apfel schälen und in kleine Stücke schneiden. Mit den restlichen Zutaten in einen kleinen Topf geben und bei mittlerer Hitze ca. 10 – 15 Minuten einkochen. Wer die Äpfel noch etwas weicher haben möchte, lässt es noch länger einkochen. Danach beiseitestellen und abkühlen lassen.

Jetzt den Biskuit, wie auf Seite 96 beschrieben, zubereiten. Zusätzlich mit dem Eigelb zusammen noch einen TL Lebkuchengewürz hinzugeben.

Nach dem Abkühlen die Creme auf den Teig streichen. Dabei an der oberen langen Seite etwas Rand freilassen. Die Bratapfel-Füllung auf dem unteren Drittel gleichmäßig verteilen, eng einrollen und für ein paar Stunden kaltstellen.

Tipp:
Bratapfelgewürz kannst du dir ganz einfach selber machen! Dafür einfach 50 g Erythrit, 10 g Zimt, 1 gute Messerspitze Gewürznelke und eine Prise Muskat miteinander vermischen und in einem Glas aufbewahren. Wer mag, gibt noch etwas Vanille mit dazu.

Nährwerte: 818 kcal | 152,4 g KH | 42,2 g P | 40 g F

#frischgepudert

Vanillekipferl-Rolle

Zutaten

Teig
2 Eier
30 g Dinkelmehl
20 g gemahlene Mandeln
40 g Erythrit
30 ml Wasser
1 TL Backpulver
1 Prise Salz
etwas Vanillepaste/-aroma

Creme
250 g Magerquark
25 g Erythrit
etwas Vanillearoma

Backofen auf 170 °C Ober-/Unterhitze vorheizen.

Eier trennen und das Eiweiß steif schlagen. Eigelb mit den restlichen Zutaten für den Teig glatt rühren und das Eiweiß unterheben. Den Teig auf ein mit Backpapier ausgelegtes Backblech streichen. Der Teig sollte ca. 1 cm dick sein – etwas größer als ein DIN A4 Blatt.

Für 10 – 12 Minuten backen, bis der Biskuit leicht gebräunt ist. Den Biskuit auf ein sauberes Küchentuch stürzen und vorsichtig einrollen.

Quark mit Erythrit und Vanille verrühren und abschmecken. Die Creme auf dem Biskuit verteilen, wieder einrollen und für ein paar Stunden kaltstellen.

Vor dem Servieren mit Puderxucker bestäuben.

Tipp:
Wenn du ein paar frische Vanillekipferl im Haus hast, zerbrösele ein paar Kekse mit in die Creme – schmeckt sehr lecker!

Alternative:
Anstelle von gemahlenen Mandeln kannst du natürlich auch Haselnüsse, Walnüsse oder eine Nussart deiner Wahl nehmen. Klassisch werden Vanillekipferl aber mit Mandeln gemacht.

Nährwerte: 551 kcal | 98,4 g KH | 51,1 g P | 22,1 g F

Cath Kidston

Danke

Grundsätzlich könnte ich gerade die ganze Welt vor Freude umarmen. Während du dies hier liest, halte ich mein erstes eigenes Buch schon eine Weile in den Händen und bekomme das Grinsen nicht mehr aus dem Gesicht! Einfach WAHNSINN!

Ich bin unglaublich glücklich und dankbar, dass ich dieses Projekt gemacht und mir damit einen großen Traum erfüllt habe. Aber natürlich hätte ich das ohne ein paar spezielle Personen, die mir immer den Rücken gestärkt haben, nicht geschafft und bei denen möchte ich mich an dieser Stelle nochmals bedanken!

Als allererstes **DANKE** an meine Familie und meine Freunde, die immer an mich glauben, mich unterstützen und mit ihrer ehrlichen Meinung und Rat zur Seite stehen. Ich bin unglaublich dankbar, euch in meinem Leben zu haben!

DANKE an meine beste Freundin Sabrina und an Jenni, die sich dem Lektorat gewidmet haben. Manchmal sieht man den Wald vor lauter Bäumen nicht mehr. Da braucht man ein neutrales Auge bzw. Augen, die die Texte aufs Kleinste auseinandernehmen und die vielen kleinen Fehler finden.

DANKE auch an meinen Chef, meine Kollegen und meine Vermieter. Die „Armen" mussten all die Kreationen natürlich verkosten, bewerten und ehrliches Feedback geben. Überlebt haben es übrigens ALLE!

Zu guter letzt, **DANKE** ich natürlich auch dir, dass du so verrückt bist und dir dieses Buch gekauft hast! Ich wünsche dir ganz viel Spaß beim Ausprobieren!

Also genug gedankt –
ab an die Schüsseln und rock die Küche!

Impressum

Herausgeber/Autor: Vanessa Busch, Gutenzeller Straße 20, 88489 Wain

Umschlaggestaltung, Fotografien: Vanessa Busch
Styling: Vanessa Busch
Texte und Rezepte: Vanessa Busch
Foto Seite 115: Stefan Geedicke
Layout und Satz: cm . grafikbüro Ulm, www.carinamayer.de

Druck: Blömeke-Druck SRS GmbH, Resser Straße 59, 44653 Herne

Bibliografische Information der Deutschen Nationalbibliothek:
Die Deutsche Nationalbibliothek verzeichnet diese Publikation in der Deutschen Nationalbibliografie; detaillierte bibliografische Daten sind im Internet über http://dnb.d-nb.de abrufbar.

ISBN: 978-3-00-067113-5

www.primaskitchen.de